Wolfgang Amadeus

MOZART

PIANO PIECES

Urtext Edition

FOR PIANO

K 03699

Kalmus

CONTENTS

Fantasie und Fuge
(K.V. 394)

Fantasie
Adagio — Pag.

1  1

Fuge
Andante maestoso

 6

Fantasie
(K.V. 396)

Adagio

2.  10

Fantasie
(K.V. 397)

Andante

3.  19

Rondo
(K.V. 485)

Allegro

4.  23

Rondo
(K.V. 494)

Andante

5.  29

Rondo
(K.V. 511)

Andante

6.  36

Andante
(K.V. 616)

Andante — Pag.

7.  46

Suite
(K.V. 399)

Ouverture
Grave

8.  53

Allemande
Andante

 58

Courante
Allegretto

 60

Adagio
(K.V. 540)

Adagio

9.  62

Menuetto
(K.V. 355)

10.  66

Gigue
(K.V. 574)

Allegro

11.  67

Fantasie und Fuge

W. A. Mozart, K. V. 394
(1756 - 1791)

30
32
fz
fz
34
36
38
40
42
Più Adagio

44
46

Tempo I
47
49
51
53
55
57
59
p
pp

Fuge

Andante maestoso

19
21
24
27
30
33

51
53
56
58
61
64
Adagio

Fantasie

K.V. 396

2.

11
13
14
17
19

tr
fp
p
f

37
38
39
cresc.
40
p
f
41
p
f

42
43
44
45
46

58
59
61
63
65

67
tr
68
70
71
fp
p
73
f

Fantasie

K.V. 397

23
26
cresc.
f
p
cresc.
f
p
30
cresc.
f
Presto
84
84
Tempo I
f
p
38
41
cresc.
f
p
cresc.
f

Presto
Tempo I
p
f
p
f
p
f
p
Allegretto
dolce
1.
2.

a tempo
rall.

Rondo

K.V. 485

Allegro

30
35
40
44
47
51
55

92
97
101
105
110
114

118
122
125
128
131
184

138
143
146
tr
150
155
cresc.
p
161
calando
pp

Rondo

K.V. 494

Andante

27
31
35
39
44
49
f
p
f
p

54
59
f
p
f
p
64
68
72
76

80
85
90
95
99
104

109
113
117
121
125
128

132
188
142
f
p
146
f
150
p
155
cresc.
f
mancando

161
165
168
173
177
182

Rondo

K.V. 511

Andante

6.

21
cresc.
25
p
cresc.
29
p
cresc.
f
p
33
cresc.
f
p
cresc.
36
f
p
f
f
39
p
f
f
p
f

42
45
cresc.
48
51
cresc.
54
cresc.
cresc.
57
cresc.

60
63
67
71
cresc.
74
77

cresc.
p
cresc.
p
cresc.
f
p
f
p
f
p
f
p
f
p
cresc.

cresc.
cresc.

115
p
117
cresc.
119
f
121
p
f
123
p
f
125

dim.
p
pp
cresc.
p
cresc.
f
p
f
più f
ten.
p
cresc.
p

145
cresc.
f
p
148
tr
cresc.
p
152
cresc.
p
155
cresc.
f
158
p
cresc.
f
163
f
p
cresc.

166
169
cresc.
172
175
177
179
pp

Andante

„für eine Walze in eine kleine Orgel"

K.V. 616

64
tr
67
70
tr
tr
76
79

82
86
91
95
99
103

Suite

Ouverture

Grave

K.V. 399

Allegro

46
48
51
54
57
60

segue Allemande

Allemande

Andante

15
18
21
24
1.
27
2.

Courante

Allegretto

Adagio

K.V. 540

45
47
49
51
53
56

Menuetto

K. V. 355

10.

Gigue

Allegro

K. V. 574

11.